A cidade líquida

A cidade líquida

Filipa Leal

aos amigos que me habitam a cidade
à família que vai fazendo de mim uma casa onde se possa entrar

"Quem tropeça é sempre alguém que se distrai a olhar para as estrelas"
Vladimir Nabokov, *Lectures on Russian Literature*

*Há na cidade o caminho mais longo
e o caminho mais curto.*

I. A CIDADE LÍQUIDA

A CIDADE LÍQUIDA

A cidade movia-se como um barco. Não. Talvez o chão se abrisse em algum lado. Não. Era a tontura. A despedida. Não. A cidade talvez fosse de água. Como sobreviver a uma cidade líquida?

(Eu tentava sustentar-me como um barco.)

As aves molhavam-se contra as torres. Tudo evaporava: os sinos, os relógios, os gatos, o solo. Apodreciam os cabelos, o olhar. Havia peixes imóveis na soleira das portas. Sólidos mastros que seguravam as paredes das coisas. Os marinheiros invadiam as tabernas. Riam alto do alto dos navios. Rompiam a entrada dos lugares. As pessoas pescavam dentro de casa. Dormiam em plataformas finíssimas, como jangadas. A náusea e o frio arroxeavam-lhes os lábios. Não viam. Amavam depressa ao entardecer. Era o medo da morte. A cidade parecia de cristal. Movia-se com as marés. Era um espelho de outras cidades costeiras. Quando se aproximava, inundava os edifícios, as ruas. Acrescentava-se ao mundo. Naufragava-o. Os habitantes que a viam aproximar-se ficavam perplexos a olhá-la, a olhar-se. Morriam de vaidade e de falta de ar. Os que eram arrastados agarravam-se ao que restava do interior das casas. Sentiam-se culpados. Temiam o castigo. Tantas vezes desejaram soltar as cordas da cidade. Agora partiam com ela dentro de uma cidade líquida.

(Eu ficara exactamente no lugar de onde saiu.)

II. NÓS, A CIDADE

O PRINCÍPIO DO AMOR

As pessoas ordenavam-se mal.
Ordenavam mal
o princípio do amor, da cidade.
Faziam filas (e filhos) à porta.

Ordenavam-se talvez
como quem conhece o trajecto
para casa.
Sonâmbulas, repetidas:
ordenavam, ordenavam.

Algumas enlouqueciam
pacientemente à porta,
antes de entrar.

Entende: ordenavam-se
tão sem desordem
nessa espera
que algumas morriam
imediatamente à porta
logo que entravam.

A PRIMEIRA AVE

Há um homem que atravessa a rua. Leva sacos às costas, cordas
que interrompem a noite de outros homens que passam.
São negros, mas rebentam a noite de outros pesos,
desfaz-se o corpo leve dos que não regressam.

O homem diz: – É noite na cidade de onde venho.
São negros os sacos do homem, pensam os outros.
É noite na cidade onde chegas, poderiam pensar.
De onde vens?

    A cidade está presa nas palavras.

Há uma rua atravessada pelo homem que diz: – A cidade somos nós.
E há os que não se transportam no dia, os que não chegam de noite
à noite de outros. Os que não se quebram na cidade partida.
Os que dizem:

    A cidade está presa na memória.

Há no entanto uma cidade no início: sem rua e sem noite ponderada.
Sem costas. Que no lugar da torre, tem uma cratera,
que no lugar do caminho, tem um poço sem espelho.
Sem água. Que no lugar do relógio, tem o sol.
Que no lugar do homem, tem a primeira ave.
É uma cidade onde ninguém diz a verdade:

    A cidade está presa.

O PRIMEIRO HOMEM

Era um homem viciado na luz.
As mulheres que diziam "o homem, o homem"
levantavam-se ou levantavam os olhos
ofuscados e repetiam o homem
e apontavam confusas para dentro do olhar
do homem.
O homem achava estranho que elas
dissessem apenas isso: "o homem",
e um dia disfarçou-se de mulher
para se esconder da luz.

Da primeira solidão do homem
ninguém falou.
Ninguém repetiu
a primeira solidão do homem.

ALGUÉM ME REPETIA

A voz é grave e rouca.
Na mesa ao lado, chora uma criança que não conhece a memória.
Há uma voz quente que um dia me falou ao ouvido.
Dizia-me.
Tentava explicar-me os ventos, as marés,
o terno refúgio dos dias que estão longe.
Eu julgo que dormia aninhada, com os olhos brilhantes e o coração atento.
Talvez tenha sentido uma mão leve a percorrer-me as costas. Talvez devagar.
Fazia movimentos circulares. Talvez tentasse mostrar-me o caminho.
Dizia-me.
Eu não compreendi porque vivia como se recordasse já.
Não há tempo para o presente quando se está fechado na memória.
Disse.
Não vivia do passado. Não era isso que tentava dizer. Havia em mim a certeza
da recordação futura — como a espiral de onde não se sai.
A voz começou a delirar em círculos. Ofendidos talvez, os círculos.
Eu estava no centro desse som que baixava como se a qualquer momento
pudesse abater-se sobre mim. Sem me sufocar talvez.
Dizia. Dizia.
A linguagem tornava-se cada vez mais estranha e imprópria.
Como nos sonhos em que se procura gritar
talvez agitasse os braços levemente.
Mas nenhuma voz nos cabe nas mãos, nem nas palavras.
Eu habito a quente loucura do poema sólido que em mim se concretiza.
Eu habito a quente loucura do poema sólido que em mim se concretiza.
Alguém repetia.
Mas a voz era cada vez mais líquida e talvez não coubesse no poema.

As mãos arrastavam o corpo para o lugar onde a minha solidão talvez recordasse a voz. Dizia-me. Para que mais rápido se interrompesse o dia, para que mais rápido se recordasse a vida. Eu ia rolando sobre a cama como uma criança em direcção ao abismo. As mãos voltavam a trazer-me para o centro do círculo. No silêncio, perderia a consciência. São sempre as vozes que nos trazem de volta. Talvez.

Era o dia em que me encostei à parede para olhar o círculo, a voz, as mãos. Como se observasse aquela solidão.

E não houve nada que me pudesse dizer. Talvez.

SE AO MENOS A MORTE

Ela morria tantas vezes
em tiroteios à porta de casa
que já não sabia morrer para sempre
assim
de uma vez só.
Se ao menos se marcasse um dia
para a morte, uma hora certa
como no dentista
que apesar de tudo
nos faz esperar
onde apesar de tudo
não sabemos quando será a nossa vez.
Se ao menos a morte tivesse revistas
e gente na sala de espera
não estaríamos tão sós
tão vivos nessa ideia final
nesse desconforto.
Poríamos o nome na lista
quando estivéssemos prontos
sabendo que seria fácil desmarcar
marcar para outro dia
ou simplesmente
não comparecer.
Depois, ficaríamos com a dor,
com o terror
de passar sequer naquela rua
como ela à porta de casa.
Ela que morria tantas vezes
porque morria de medo de morrer.

A CABEÇA É QUE PAGA

Silêncio
Ela pediu
Silêncio
ao rádio do carro,
aos pais, aos irmãos,
aos chefes, aos amigos.

Só a cabeça
não respeitou o seu pedido.

O FRIO, O RIO, A PEDRA, A LUZ

Corria para gastar a cidade.

Trazia nos bolsos trocos suados e na cabeça uma ave, uma canção
que lhe vinha da infância, um boné que lhe dera o pai
antes de fugir.

Dizia: O meu pai fugiu, levou consigo a casa e a memória e não posso
regressar.

Estava confuso e dizia a cidade, a cidade, que lhe restava a cidade
gratuita: o frio, o rio, a pedra, a luz.

As pessoas paravam a ouvi-lo. Davam-lhe pão, cadernos, algumas histórias.
Algumas traziam-lhe vinho e mulheres sem dentes e sem pai.
Outras davam-lhe moedas, pediam-lhe silêncio.

Ele sufocava na claridade absurda do amanhecer.
Dizia: Para quê tanta luz?

No Outono era mais feliz. Corria para o parque antes que o sol
se pusesse. Tinha tanta pressa de anoitecer.

Coleccionava árvores e janelas de outros tempos.

Um dia, em vez de uma moeda, deram-lhe a cidade:
os prédios, os jardins, os bichos, os homens.

Há muito que fugira de casa do pai.

Hoje corria para gastar o desespero.

ODE LOUCA

Todos os homens têm o seu rio.
Lamentam-no sentados no interior das casas
de interior e como o poeta que escreve a lápis
apagam a memória com a sua água.
Os rios abandonam os homens que envelhecem
longe da infância, e eles choram
o reflexo absurdo na distância.
Por vezes, enlouquecem os rios, os homens,
os poetas nas palavras repetidas
que buscam uma ode que lhes diga
a textura. Todos procuram o mesmo:
um lugar de água mais limpa
ou um espelho que não lhes negue
a hipótese do reflexo.
O rio sofre mais do que o homem,
o poeta,
porque dele se espera que nos devolva
a imagem de tudo, menos de si próprio.
Todos os rios têm o seu narciso,
mas poucos, muito poucos,
o simples reflexo das suas águas.

ESTE É O MEU NOME

As cidades têm luzes nas palavras.

Ofuscam a linguagem dos homens. Dizem-lhes: Este é o meu nome.
E piscam e rebentam o olhar.

E há cidades avariadas, escurecidas. Sem cor: só asfalto na memória.
De lâmpadas caídas sobre as ruas, de ruas caídas sob os passos.
Dizem-nos: Este é o teu nome.
E todos cumprimos o vazio.

Os homens desejam a cidade. Tocam-lhe por dentro, no vermelho,
preparam-na para o abandono. Dizem-lhe: Este é o teu corpo.
E partem.

À noite, as cidades afixam as imagens dos que vão — restos de esperma
nas árvores mais altas. Dizem: Este é o meu corpo.

Porque todas as cidades têm o seu letreiro. O seu homem.

NO FUNDO DOS RELÓGIOS

Demoro-me neste país indeciso
que ainda procura o amor
no fundo dos relógios,
que se abre
como se abrisse os poros solitários
para que neles caiam ossos, vidros, pão.
Demoro-me
no ventre desta cidade
que nenhum navio abandonou
porque lhe faltou a água para a partida,
como por vezes desaparece a estrada
que nos conduz aos lugares
e ali temos que ficar.

ESCREVIA À MÃO A CIDADE

                    Para o João Gesta.

Habitava da cidade
os lugares mais pequenos.

Limpava-lhe o pó,
pintava-lhe os cabelos,
escondia-lhe as rugas
(chegava mesmo a deitar-se
ou a deitar areia sobre as ruas
abertas).

Às vezes chorava-lhe no centro
a ausência,
ou matava-lhe os homens
que corrompiam os homens.
Por fim,
esquecia-lhe as feridas.

Escrevia à mão a cidade
e a cidade escrevia-se
sobretudo
no cinzento
no esquecimento.

Eram tão simples as palavras
da cidade,
mas complexos os amigos
que dela habitavam
os lugares mais pequenos.

O TEU JARDIM

O jardim não sabia ser jardim
sem a mulher que com ele falava
sozinha.

Sozinha a mulher,
sozinho o jardim quando a mulher
não chega da sua solidão.
Sozinha a rapariga que olha o jardim,
que procura a mulher,
que não fala sozinha.

POR UMA LUZ REAL

A rapariga debaixo da luz verde
da árvore
parecia usar a máscara disforme
dos pesadelos.

Era uma imagem nítida,
quase branca.

Fumava.
Olhava-me para dentro do medo
sem rosto
debruçada, lenta, circular.

Era noite.
Eu estava na rua à tua espera.
Na rua não, no carro.
Eu estava no carro de vidros abertos
de olhos abertos
debruçada.

Mas felizmente tu chegaste
com a tua luz real (tão real)
para me interromper o pesadelo.

AS AVES DE HOJE

                        À Joana Oliveira.

Tendencialmente tristes,
as aves de hoje paradas no olhar.

O voo não chega
aos braços dos homens:
as asas ferem-lhes o rosto, cegam-nos.

Tendencialmente tristes,
os homens de hoje tiram penas
dos olhos.

Ficam comovidos e parados no olhar
das aves.

Ficam em terra.

Só um pássaro se anuncia,
veloz,
contra o céu.

NOS DIAS TRISTES NÃO SE FALA DE AVES

Nos dias tristes não se fala de aves.
Liga-se aos amigos e eles não estão
e depois pede-se lume na rua
como quem pede um coração
novinho em folha.

Nos dias tristes é Inverno
e anda-se ao frio de cigarro na mão
a queimar o vento e diz-se
– bom dia!
às pessoas que passam
depois de já terem passado
e de não termos reparado nisso.

Nos dias tristes fala-se sozinho
e há sempre uma ave que pousa
no cimo das coisas
em vez de nos pousar no coração
e não fala connosco.

EPIDEMIA

Em pequenina, diziam-lhe
– Olha as borboletas!
e ela sentia-se culpada
por não ter reparado nisso
sem que lho dissessem.

Mas quando olhava para o céu
de propósito, buscando
um improvável bater de asas
(ou a sombra suspensa),
nem uma ave disforme.

Tenho que estar atenta!
pensava, de propositados olhos
muito abertos. E nada:
nem um arrepio.

Agora, fechava-se no quarto
com medo de uma palavra
estranha. Curiosamente,
diziam-lhe o mesmo
– Olha as borboletas!
mas agora como quem diz:
tem cuidado.

NÃO HÁ NA CIDADE UM LUGAR

Não há na cidade um lugar
sem convívio,
ponto desabitado e incerto de ruas,
de esplanadas sem esplanada,
de cafés sem café,
de gente sem voz sem gente
no peito.

Não há na cidade um lugar
onde caiba
o vazio,
sem sinais nas costas no rosto
no céu.

Não há na cidade um lugar
com lugar.

ESSE BARULHO

Era o centro da cidade
e no entanto acordava
com esse barulho
estranho.

Não sossegava
dia após dia
após noite.

Não era estranho o barulho
no centro da cidade,
mas insólito esse barulho
ao centro do sono,
do despertar.

Cinco da manhã
antes dos automóveis
depois dos automóveis.
Seis da manhã
antes e depois
da nossa solidão
(cada vez mais urgente).

A cidade despertava
ao mesmo tempo
com esse barulho
de pássaros aflitos.

OS QUE NÃO VIAM

Na cidade, os que não viam
perguntavam: "Estás aí?"
mesmo quando não falavam
ao telefone.

E tudo era pausa
sem a nítida respiração
das coisas.
Tudo era ainda
à espera da voz, do som
natural ou improvável.
Tudo era antes de ser.

Havia também os que viam.
Mas esses, tragicamente,
perguntavam menos.

QUARTO MINGUANTE

Os adolescentes da cidade
deitavam-se cada vez mais cedo.

Faltava-lhes o espaço para a náusea
desse lugar diminuto,
desse tédio
que só no quarto a sós
lhes denunciava a paixão.

Os adultos da cidade
deitavam-se cada vez mais tarde.

Não suportavam a náusea
desse lugar diminuto,
desse tédio
que no quarto só
lhes denunciava a solidão.

O TEMPO DO LUGAR

Era uma cidade
densa, povoada.

Sem um minuto quadrado.

O LUGAR DO TEMPO

Era uma cidade cidade,
sem vícios e sem sonhos.

Cidade descarnada:
só prédios e livros sem ninguém.

Era uma cidade de
algumas ruas, algumas estátuas,
alguns jardins, alguns amores
perfeitos
na coerência do seu abandono.

Cidade sem memória.
Cidade sem perda.
Cidade antes ou depois.

REPARTIÇÃO

As pessoas perdiam-se
às vezes no branco
às vezes no traço imperfeito.
Algumas cortavam-se na margem,
rasgavam os dias;
outras queimavam arquivos
com saudades de casa,
cheiravam a mofo.

Garanto-lhe: havia centros
da cidade só para recolher
esses restos de caule.

SE AO MENOS A CHUVA

Andava às voltas
no topo de si mesmo
e do monte.
Trepara a encosta
como em pequeno
trepava às árvores:
para ver melhor.

Vivia tão longe da água
que tinha a boca seca.

Agora andava às voltas
cheio de sede
a esgotar-se, a suar.

Porque não paras?,
perguntar-lhe-ia, se pudesse
entrar neste poema.

Não havia nada no cimo de si
nem do monte
– apenas o azul e algumas aves
que respiram mais alto.

A cidade ficava a meio caminho
entre o céu e a terra
(o céu lá para cima, ainda depois do monte,
a terra cá para baixo, um pouco antes da sede).

Ele andava às voltas com a vida:
atirava-lhe pedras, gritava
(se ao menos a chuva! se ao menos a chuva!)
como quem não encontra.

Só mais tarde entendi o que procurava:
um mar.

O CÍRCULO TEMPORÁRIO

I.

Na cidade não se falava de amor
mas eu amava
e resistia à cidade
porque falava de amor.

II.

Uns viviam em ruas com nome
de escultor,
outros viviam em ruas com nome
de pintor,
muito poucos viviam em ruas com nome
de gente.

III.

Na cidade tudo era circular:
terminava no mesmo ponto
em que começava.
Redondos, inúteis,
sobrevivíamos
como as montanhas lá ao fundo.

III. A CIDADE ESQUECIDA

A CIDADE ESQUECIDA

                    Para o António Mega Ferreira.

Ela disse: Sou uma cidade esquecida.
Ele disse: Sou um rio.

Ficaram em silêncio à janela
cada um à sua janela
olhando a sua cidade, o seu rio.

Ela disse: Não sou exactamente uma cidade.
        Uma cidade é diferente de uma cidade
        esquecida.
Ele disse: Sou um rio exacto.

Agora na varanda
cada um na sua varanda
pedindo: Um pouco de ar entre nós.

Ela disse: Escrevo palavras nos muros que pensam em ti.
Ele disse: Eu corro.

De telefone preso entre o rosto e o ombro
para que ao menos se libertassem as mãos
cada um com as suas mãos libertas.
Ela temeu o adeus, disse: Sou uma cidade esquecida.
Ele riu.

11	**I. A CIDADE LÍQUIDA**
13	A cidade líquida
15	**II. NÓS, A CIDADE**
17	O princípio do amor
18	A primeira ave
19	O primeiro homem
20	Alguém me repetia
22	Se ao menos a morte
23	A cabeça é que paga
24	O frio, o rio, a pedra, a luz
25	Ode louca
26	Este é o meu nome
27	No fundo dos relógios
28	Escrevia à mão a cidade
29	O teu jardim

30	Por uma luz real
31	As aves de hoje
32	Nos dias tristes não se fala de aves
33	Epidemia
34	Não há na cidade um lugar
35	Esse barulho
36	Os que não viam
37	Quarto minguante
38	O tempo do lugar
39	O lugar do tempo
40	Repartição
41	Se ao menos a chuva
43	O círculo temporário

45	III.	A CIDADE ESQUECIDA
47		A cidade esquecida

© Moinhos, 2022.
© Filipa Leal, 2006.
Título Original: A Cidade Líquida e Outras Texturas.
1ª edição: Porto, Portugal, 2006 (Deriva Editores)

Edição: Camila Araujo & Nathan Matos
Assistente Editorial: Vitória Soares
Revisão: Mika Andrade e Vitória Soares
Capa: Sergio Ricardo
Projeto Gráfico e Diagramação: Isabela Brandão

Nesta edição, respeitou-se o Novo Acordo Ortográfico da Língua Portuguesa.
Dados Internacionais de Catalogação na Publicação (CIP) de acordo com ISBD
L435c
Leal, Filipa
A cidade líquida / Filipa Leal. - Belo Horizonte : Moinhos, 2022.
52 p. ; 14cm x 21cm.
Inclui índice.
ISBN: 978-65-5681-105-5
1. Literatura portuguesa. 2. Poesia. I. Título.
2022-878   CDD 869.108   CDU 821.134.3-1

Elaborado por Vagner Rodolfo da Silva - CRB-8/9410

Todos os direitos desta edição reservados à Editora Moinhos
www.editoramoinhos.com.br
contato@editoramoinhos.com.br
Facebook.com/EditoraMoinhos
Twitter.com/EditoraMoinhos
Instagram.com/EditoraMoinhos

Edição apoiada pela Direção-Geral do Livro, dos Arquivos e das Bibliotecas/Portugal.

REPÚBLICA PORTUGUESA
CULTURA
DIREÇÃO-GERAL DO LIVRO, DOS ARQUIVOS E DAS BIBLIOTECAS

Este livro foi composto em Adobe Garamond Pro
no papel Pólen Bold para a Editora Moinhos.

*

A semana acabava ao som de *I'm In The Mood
For Love*, cantada por Julie London.